# El Planeta en el Altar

*En memoria del*

## *Rev. Louis Joseph Quinn Cassidy*

*(Padre Luis Quinn)*

por

## Rosa Reyes-Santana

(Cordillera)

# El Planeta en el Altar

**Rosa Reyes Santana**

Diagramación y arte: **Amy Smethurst**

Primera edición

**Impreso en: amazon.com**

# Índice

## Dedicatoria

**El Planeta en el Altar,** es un homenaje a Louis Joseph Quinn Cassidy(Padre Luis), águila, gigante y "La leyenda, el hombre y el alma que yo conocí." Es también un homenaje a todas las personas que, desde el último rincón del mundo, han sido parte de la obra de amor, solidaridad, justicia y paz, que ha sido su obra, por más de medio siglo. El regalo de "Luis" al mundo, ha sido su capacidad de escuchar (personas, y naturaleza), contemplar, dialogar, y sobre todo, poner esos intereses por encima de su ego. Él fue puente solidario. Quien coloca, "El Planeta en el altar."

A la Parroquia San José, de San José de Ocoa, Republica Dominicana, en el Corazón del Caribe y el Atlántico.

A la junta para el Desarrollo de San José de Ocoa. Uno de los grandes de amores de "El Padre."

A las Hermanas Hospitalarias de San José, fieles, servidoras, amadas, y compañeras de su camino.

A los Padres Scarboro Foreign Mission Society, quienes fueron partes de la vida, lucha y obra de "Luis" su comunidad Misionera.

A Joseph McDonald, su superior y compañero parte del recorrido de su vida.

A las Hermanas Dominicas de Adrián, quienes fueron parte de ese camino y larga historia.

A todos los hombres y mujeres del campo y la ciudad quienes han sido parte de la Legión de brazos solidarios y de la transformación de la cultura Ocoeña.

A la juventud de la Pascua Juvenil, que, al través de los años, ha sido clave en la transformación de nuestros corazones, jóvenes embajadores en todas partes del mundo.

A todas las comunidades de base, catequistas, que, por muchas décadas, no han dejado de ser parte de un evangelio planetario y de salvación predicada y vivida, desde la más alta cordillera del Caribe.

A mi familia, especialmente a mis padres, quienes sufrieron, al verme volar, por los caminos y cañadas de nuestras amadas montañas, surcadas con sudor y sangre.

A las familias del Niño Modesto, Gari, Pascual, Santa Báez, y Toni. Regalos de vida, para el Reino en medio de la humanidad, y el planeta.

A todas las mujeres de Fe, que en silencio han servido a la causa de nuestro pueblo, por décadas, con sus trabajos, y sus recursos. El grupo de mujeres de apoyo "Las bienhechoras" a quienes recuerdo con cariño, en mi niñez.

A la Dra. Marta Rodríguez Caba, un de las mujeres de mi inspiración.

¡A mi Ocoa, de Amor!

## Rev. Louis Joseph Quinn Cassidy *(Padre Luis)*

El padre Luis Quinn, con la Junta para el Desarrollo de San Jose de Ocoa, voluntarios locales e internaciones, construyó más de 600 kilómetros de carreteras; 60 kilómetros de sistemas de riego; 2000 viviendas han sido construidas y otras 7000 viviendas reparadas; la siembra de 12 millones de árboles; la construcción de 69 escuelas; 11 clínicas;13 centros comunitarios; proyectos educativos para niños y jóvenes en diferentes áreas de desarrollo técnico y educativo. Estas y tantas otras obras, le van a hacer recipiente de los siguientes reconocimientos, nacionales e internacionales:

La **nominación al Premio Nobel de la Paz**, 2005.

La **Nacionalidad Privilegiada**, le es otorgada, por parte del gobierno dominicano, el 01 de noviembre de 1996.

La **Orden de Duarte, Sánchez y Mella,** en el grado de comandante, en 2001, que constituye el máximo reconocimiento del Estado dominicano a una persona.

La **orden de Canadá**," más alta distinción del gobierno canadiense. 1 de marzo del 1995.

El Vaticano, le reconoce a través del sumo pontífice, el papa Juan Pablo II (QEPD), con **La Santa Cruz del Vaticano**. La Medalla **"Augustae Crucis Insigne"** Pro Ecclesia et Pontifice.

La Universidad O&M lo investió con el **Doctorado Honoris Causa**.

La Universidad APEC le da el premio **Heriberto Peter**.

La Fundación Brugal, reconoció la labor de la Asociación para el desarrollo de San José de Ocoa, le otorga el premio **"Brugal cree en su Gente"**.

El Congreso de la Republica Dominicana, lo declaró **Padre Protector de Ocoa**, 2002, de la provincia de San José de Ocoa.
Universidad Autónoma de Santo Domingo (UASD) le declara, **Profesor Honorario de la Facultad de Humanidades**.

El Estado Dominicana declara una reserva ecológica, **Parque Nacional Luis Quinn.**

Nace El doce (12) de enero del año 1928, en New Castle, Inglaterra. Fallece a los 79 años, en el Estado de la Florida, Estados Unidos, el 11 de octubre de 2007.

# El Planeta en el Altar

Este libro refleja, el sufrimiento del planeta, sus terapias de sanación, sus protagonistas, y la integral visión, de este cometa sobre el Atlántico. Es el símbolo de quien da la vida, por sus seres queridos. El rompimiento de los átomos del alma, por los traumas que vivimos, se vuelven abono para la vida, que necesita ser transformada, en la eucaristía cotidiana. Las anécdotas que escuché de él pretenden estar plasmadas en cada verso de estos poemas de El planeta en el altar.

Luis, vivió la pobreza, la separación de familia, la migración forzada, la diáspora y la persecución política y eclesial, gran parte de su vida. Él fue producto de una pandemia, que va a desarraigarle, de sus lazos afectivos más profundos, y va a marcar su camino de peregrino por las orillas del Atlántico. Sin embargo, esas experiencias le dieron la sabiduría para crear los lazos de amor perdidos, los cuales, saborea con paciencia, en toda su historia de vida, buscando, la solidaridad compartida, el amor, en las venas de los latidos del planeta que gime, como él.

Sus deseos de "vida buena, abundante y eterna," le va a llevar a crear las históricas coordenadas de amor, del Atlántico, desde Irlanda a Inglaterra, desde Canadá hasta la Republica Dominicana. El campo de oración de "Luis," era la vida misma, cotidianamente integrada.
 El Milagro de Luis, no fue la multiplicación de los panes, fue la multiplicación de la misericordia y la solidaridad; de las alianzas y el rompimiento de las cadenas del aislamiento y la soledad, de quienes sufren. El hace el milagro de unir a los polos del planeta. Luis fue bálsamo de la solidaridad, el amor humano, y planetario.

Una nueva manera de definir, la paz, la justicia. La libertad interior del ser humano y su universo en expansión. Él se hace puente histórico de sanación y salvación. No solo para las personas empobrecidas de la Republica Dominicana. El Padre Luis, une los estratos sociales más diversos del mundo. El trae cada candidato a la presidencia o presidente del país, a su humilde hogar. A San José de Ocoa, lo lleva al mundo, y el mundo, lo trae a San José de Ocoa, otra de sus islas de amor.

El regalo de Luis al mundo es, además, diseñar las nuevas coordenadas de la justicia integral, de la misericordia, y forjar lazos solidarios de transformación social, que no solo cambian el corazón de muchas personas, sino también que reflejan un nuevo paradigma, El Reino de Dios, experimentado, en la vida diaria, en el este planeta nuestro, quien sufre desmembramiento y destrucción, cada segundo.

Para entender la obra de Luis, hay que conocerlo por dentro. El hombre interior. Una pista del niño migrante, que se vuelve, las piernas del Atlántico, y transforma las cordilleras en símbolos de su proyecto de amor. Luis, define una nueva manera de ser humano, de ser el planeta en el altar, de la vida cotidiana.

El emerge del océano, como una cordillera milenaria y los tesoros que, desde el roto barro, hace monumentos de vida, al mundo. Ocoa, son sus destellos de amor, en su jardín encantado y libre de la opresión del pasado, y su invitación a cada ser humano a ser, parte de la celebración a la vida, creando relaciones de justicia con este planeta, sagrado, en todas sus formas de vida, en el Altar, hoy.

Escribir sobre "El Padre Luis", como le hemos llamado siempre, las personas amigas, colegas, y feligreses es un reto. Escribir sobre él, es como nadar el Océano Atlántico, con la esperanza que vamos a llegar a la meta, en unos días, o meses, o quizás años. Conocer las piernas que recorren Inglaterra, Irlanda, Canadá y Republica Dominicana, permite un encuentro más, con quien celebra, **El planeta en el Altar**. Conocer al Águila, al gigante del Mar Caribe-Atlántico, es un reto, para quienes vivimos cerca de él, por muchos años.

Al referirme al Padre Luis, no haré alardes de sus obras de desarrollo, sino que trataré, de describir en símiles y metáfora, un poco sobre *la leyenda, el hombre y el alma que conocí*, quien aún tiene influencia en mi vida espiritual y contemplativa, y en los valores que, como ciudadana del planeta, aún permean mi vida cotidiana.

El primer recuerdo, que quiero compartir es, él premiando a mi clase, en el Centro Padre Arturo, "la escuelita de las monjas." Unos años más tarde, inicio como catequista de mi comunidad, líder joven de la Pascua Juvenil, y también, como coordinadora y animadora en los encuentros mensuales de Catequesis. Participo de la coordinación de la Pascua Juvenil por 10 años, e igual tiempo en la coordinación de la Catequesis de la parroquia. Era una adolescente. Luis no tenía vergüenza para pedir lo que necesitaba. Si él pensaba que necesitaba de tus servicios, en beneficio de la comunidad, en un segundo, lo pedía. Si el favor era para él, sería casi imposible, que pidiese algo.

El Luis interior que conocí, era un hombre tímido, profundamente espiritual, creativo, visionario, intelectual, inclusivo, trabajador, modelo de lucha, flexible, orador, humilde, ejemplo, y poco abierto a contar su vida personal, o hablar de él mismo, para solo referir algunas de sus cualidades positivas.

El mayor regalo de Luis, para muchas y muchos quienes trabajamos con él, es el don de ser un visionario, fuera de este mundo. Él tenía un gran talento de ver "el potencial" y los talentos de la gente a su alrededor. Nunca le escuché comparar a nadie. Solo valoraba el don de cada persona. Tenía ojos de *escaneador*. Como las águilas, veía y sabia cuales distancias podría volar y el universo en expansión, el límite de su lucha por la paz, la justicia, y la libertad integral de todos los seres vivientes.

Luis, podría disfrutar la vida y la belleza, en sus expresiones más mínimas. Sabía que era imperfecto, como todo ser humano. Era humilde para aceptar el regalo más pequeño que alguien le ofreciera, como unas bolsas de papa, café, zanahorias o bananas. Siempre estaba agradecido, y aun con grandes dolores físicos, siempre ofrecía su mejor cara.  Si existe una palabra que describe a Luis es, "Manos de la Paz." Y aunque él fue nominado a El Premio Nobel de la Paz, amigos y amigas del él, en Ocoa y en el mundo saben, que Luis era un hombre de paz, y que él fue ese premio en nuestros corazones.

Él vivía su visión de caminante, en cada pisada, de su vida cotidiana. No estoy segura de la cantidad de horas dormía, porque a veces se quedaba dormido en el teléfono mientras, "aclaraba su visión".

Seleccionar algunos títulos de poemas, para describir una ínfima parte de su vida, con un lápiz prejuiciado, no ha sido una tarea fácil, pero habrá tiempo y papel para describir un poco más de su vida. Cuando pienso en el ser humano que era Luis, me imagino el agua azul del planeta; una nueva galaxia del universo en revelación; un gigante de Mar Caribe abrazado al Atlántico; unas coordenadas de las Islas de amor; desde las cuales continúa escribiendo el evangelio, con su propia vida, sin hacer alardes de señor importante, o de figura celestial.  Cuando compartí un poco sobre Luis, con mi amiga Teresa C. me dijo: el título de tu obra debe ser "La legenda, el hombre, y el alma que conocí." Aquí les dejo su voz:

*No preguntes, quien soy, si has visto mis obras, las que no son mías, son obras del alma brava, las manos entrelazadas, y la lucha colectiva, de la vida compartida, de los sueños, haciendo surcos, y malabares diminutos, que han dejado siempre huellas.*

*No me busques en las tinieblas, en las ruinas, ni las calles sin salida, búscame en las partidas, en las rutas y en las llegadas.*

*Búscame, y no te espantes, en las maneras del amor, pues es amar el camino, por el cual se deja el trillo de la vida y su cantar. No me busques en el bar, en la ruta siempre esperada.*

*Búscame en la amada, caída tarde y en la mar, en donde sueños supe dejar, y donde ruta construí sin rumbo, búscame en el mundo que lucha para amar, y vivir sin un altar, y en el altar construir el reino, de esparcida vida.*

*Búscame en las heridas, en el perdón, y en el forjar, un embalse de asombro, y de sueños, un mar. No me busque o preguntes, en donde estoy a estas horas.*

*Búscame en lo que entiendo, que tiene pena luchar, dejando pistas al viento, una melodía al cantar, a la paz y a la armonía, a la justicia y al pan, de los que juntos a la vida, vamos sin rumbo y al llegar, dejamos mucho que empezar, y una pregunta al rezar, ¿volveré a cantar?*

### Atlantic Ocean of Tears

*Tear drops, Atlantic Ocean an elixir…*
*The pain of 1854, beyond the door living my love behind,*
*Shaking my fear, living the invitation of being welcomed*
*Back, with a word of kindness on my back, and in front…*

*A wind of freedom and winds of hope,*
*to find a land, I can love and love me back, and love me more,*
*As I am, with the sun on my site and justice as a dome!*
*! I am back, like a million drone, to remind you, that, I am, you!*

## Abuela y el niño

El continente en mis manos… derrotada, frágil bote en la marea, en una pequeña barca de esperanza.

Llega mi abuela y salva, la diminuta pobreza de mi existencia desterrada, del regazo de una amada.

Madre de tierra firme, quebrada por El Imperio, doblegada por la miseria, que el olor de las papas,

le niega, el amor, aun en pañales.

Una corriente de amor se amarró a mis miedos, como ancla en un puerto sin rumbo.

Yo al descubierto, sin sabanas, comida o buen aliento, solo me aferré a la desconocida ruta,

dejando atrás las memorias, de una rota historia y de una identidad inaudita, de ser pequeño y sin gloria, de ser el último en la fila, del amor y la justicia.

Mi abuela, y yo vimos la vida, salir a cada instante, aferrados como amantes, al desconocido.

Era su amor mi abrigo, con roce de lo pudo haber sido, en los brazos del viento oceánico, y adolorido, en busca de un amigo, en quien confiar y amasar, sin látigos de muerte y sin fronteras, en pechos de amamantar un abrazo.

Felices arribamos, para terminar la ruta, en otra muerta, que nutra, nuestra esperanza aun duelo.

Sembramos anhelos y miserias de ultratumbas, de sabana las penumbras, y de abrigo también los recuerdos, del tener y ser siervos de la injusticia, y hambruna, quien me dejo como niño viejo.

Y crucé los mares tantas veces, para dejar mi historia con los piratas, esta es una quien relata.

La versión de mi nueva plena, cantando en la serena, tempestad del Caribe y Atlántico.

Desde Canadá, hasta Ocoa, deje a Shannon, en su regazo, un deseo de amor, aun en pedazos, los que sembré en las montañas, y coseché en el espacio, sin límites y con paz... de pan, un pedazo, y justicia de un retazo... a Irlanda regresé en marzo, para escribir mi historia al revés.

## Abrazo de la cordillera y el sol

Eres el amor, que juega a ser niño,
otra vez, en las laderas, al revés,
de la vida en todo, despojada,
como la grama, almohada
al roció, que se escabulle presuroso,
con brío, y te vuelves meseta, sembradío.

De humus tu canto, la lluvia tu guitarra
de vida, quien corre a la alborada,
para hacer un regadío de paz, a tu portada.
El vacío se hace beso, subliminal
Mas allá, de esta atmosfera,
Manto que cubre a Cristo, Altar,

Manjar, lienzos de fe, estrellas de mar.
Buscando la vida, en la orilla, en la profundidad,
en la esquina, en al umbral, en la salida,
manantial, madre vida,
parturienta y arropada en la neblina,
silueta divina, sobre la piel de quien resucita.

Mientras se hace astilla, la herida,
milenaria y aguerrida, elitista,
y carcomida, por la armadura sin salida.
La vida, lánguida y asida, a ti,

como las trenzas de la amada en *Ametyville,*
alcanza el aliento, y envuelve en un féretro,

La iniquidad disfrazada de beata,
y al verdugo, y su farsa.
Les hace abrazo.
Un altar de cordilleras.
Sol,
en Divino regazo.

## Águila

Bajo Sus alas te alojaste, en las noches oscuras.
De tinieblas, sin fronteras, e hiciste de la esfera.

Un continente de vida, en cada salida, en cada vereda.
Volaste sobre las piedras, de la justicia sin vida, en ella, una guarida.

Te forjaste, sin espera, y una mirada que anida, proféticas enredaderas.

## Altar a la Vida

Tu levantas al día, con el sol que nace en los labios,
No usas recetarios, y sanas roces y heridas.
Con palmadas de vida, posibilidades sin agravio,
llevándote la partida, con quien, apuestas,
a una década, manga de vida, por doquier,
para salvar las almas, muertas.

Tienes experiencias, ¡zacatecas!
De ganar el suspiro de las grietas.
Rotos sueños, miradas de la nada, sus cubiertas.
¡Un soplo! Te vuelves, en cada vuelta, con el arado en tus
manos.
En las tumbas en vida, vas gestando despertar,
y de bandera, el planeta, izado sobre el altar cotidiano. El
Maná.

¡Justicia, paz y pan!

## Altar de manos

Justicia. Royal manantial.

Venas que rompen cadenas,

en el altar.


Corriente oceánica, marea del mal.

Antídoto al pecado original, el hambre,

un pedazo de pan, sediento de amor, va.


Marchando en el umbral.

Portal de un nuevo siglo, sin púas.

Y un manjar,

¡Altar de manos, sin final!

## Añoranza

¿En dónde estás, a estas horas?
¿En cual mundo bajo mis pies?
¿Se deshace y desmorona…?
¿Quién te corona? ¿En cuál castillo se te ve?
¿En dónde escondes…
tu cariño, que, como niño, das sin revés, y haces pinino,
y haces ritmos, de un monarca que no cree, de un mendigo
que no es digno… de envestiduras y de altivez?

Te crees siervo, forjas destinos, haces reinados, en lo que no
crees.
Pero dibujas, la vida buena, con la luz de quien no ve.
Y alimentas y rellenas de vida nueva, abundante y que no es.
La ruta clásica del destino, que abre camino, en la pequeñez.
Y a la muerte le haces vestidos, una y otra vez.
Mientras caminas como mendigo y vistes como rey, y testigo,
del Reino mismo, y sus caminos,

No sé, lo que no se, tampoco pienso, lo que no sabes.
Y aunque tarde, volveré a verte siempre, con tus ropajes.
Linaje noble de la altivez, de un viejo roble, en su desnudez.

## Apertura-tectonicus

Sísmico tu amor, tectónico e inclusivo,

...ancestral y carcomido,

por tus fallas de ternura,

... frágiles placas en camino...

... torbellino en movimiento...

Tu paz al descubierto, litosfera viva.

Forjas la salida de las ruinas, en los adentros.

Raíz, descubrimiento, nuevos mares, nuevas vidas.

Germinando en las salidas y regresando a los adentros,

de una vida florecida, bajo un volcán de tormentos.

Sin excusas, y un redil, para calmar sentimientos.

Y una historia parir, de un mil rostros y un portento.

De buena vida un barril, y de abundantes cielos nuevos.

Al pleno sol, descubierto, en su esplendor y fondo inmenso.

## Aras Misericordia

Misericordia, eres, arando a Cristo vas.

Haciendo un altar en la cimiente dejada a la orilla,

del camino de Emaús, hasta las fibras de una cruz,

de ternura, y luz, en la oscuridad del amor ausente.

Erosionadas laderas, que sienten, un corriente, y una voz

silente.

Grito del poniente, con la resurrección en las manos, y de

corazón,

un perdón iletrado, sin lógica y sin razón, asido al arado.

Surcando compasión, una cordillera de castillo, y un reino

echado,

entre las rastras entrelazado, y en cada segundo, haces de

nuevo, del arado,

caminos de amor, un legado.

## Atlántico Abajo

Haciendo las curvas a la vida, vas.

Definiendo los hilos, fibras,

de la esperanza, dejada atrás.

En muertas cosechas, de inequidad, de revueltas.

absurdas...vas tocando puertas y haciendo rutas,

sembrando el trigo, horneando el pan,

tejiendo abrigo, haciendo techos de humildad,

y en cada cerca, que tejes lerda, púas de solidaridad.

## Bajaste el planeta

Bajaste el planeta hasta cristo, para salvarlo ahora.
Y mientras el rio Nizao, demora,
en mojar las venas a la vida,
sigues marchando, a deshoras, sigues llegando, en las
partidas.

Sigues rompiendo alambradas, fabricas pilares, de
esperanzas derretidas,
en donde la comunión no es objetiva, y alzas montanas
humanas,
quiebras las ramas heridas, suscitando emboscadas,
a las mentes roídas, por las plagas del alma, en un diván,
retenidas.

Y manos incontenibles, hacen pilares de calma, altar
multicolor, desde donde mana,
misericordiosa Sabina, van fabricando al amor, que resucita
en la tina
de sanación interior, y una panadería en cada esquina, para
hornear al amor,
y suscitar las sortijas, insolente proposición, a los "dueños de
la vida."

Eterna constelación, encomienda del temor, y de galardón,
montañas de vida.

Tú en el timón, y yo en las orillas, poniéndole al corazón,
mantilla de sanación.

Y de eucaristía, invitación, de manos adoloridas, y de
trenzados dedos,
melodía que no termina, permeando una canción, animas,
laudes de incoación.

Ecosistema de amor, y de comunión, camino de las heridas,
hasta el altar
que espera, convertir las piedras, en savia que avecina,
manjar de resurrección.

## Cáliz de Ardagh

Soplo divino que abraza, en cada alianza.
Enredaderas de vida cotidiana,
de colinas o montañas Galtee,
la vida.

De luces y recuerdos, ancestrales,
nuevos, en una canasta, de vida.
A la que apuestas todo, en la patena.
y el altar de la vida… recicladas miserias,
ofrecida, dada, en la vida entregada.

En cada suspiro que alardea de vivir,
entre lazos sostenido, de un amor,
que se derrama, y empapa el hilo de savia.

Creando mares, en los cascajos vas.
Un oasis en el Sur, al otro lado de las montañas.
El cordero resucitado, en una alianza de amor.

## Calles de Bougainvilleas

Las calles bañadas en bougainvilleas.
Atrevidas y derramadas como la rebeldía regalada.
Sangre, entre la cima de la Bandera y el jardín encantado,
del mundo, corazón del Caribe, hecho orquídea abierta al sol.

Sonrojado tu rostro, multicolor, la clorofila de tu santidad se
reveló en la paz,
de ver tus calles enamoradas de justicia, y libertad atada de
pies y manos,
en el monumento a la vida, a sus atrevidas curvas.

¡Gritaste! ¡Sucias las calles! ¡Oh no!
¡Canto libertario...campanas que reviven, a la doncella,
enterrada viva!
¡Y gritaste de nuevo! Ahora en un susurro. ¡Como de
costumbre!
¡Hay que limpiar las calles! ¡Esas flores riegan sus pétalos por
doquier!

## Conectar

De *charamicos* y *marañas*, suben tus brazos al cielo.

Coordinando los linderos de las altas alambradas.

Dibujando un bosquejo, de los límites del alma.

Conectas montes, colinas, cordilleras y montañas.

El Pico Duarte, un altar, a la solidaridad truncada,

Por tempestad anclada, en la mente colonial, y tú dejas un altar.

¡De manos de amor, alambradas!

## Cordilleras que sanan

Hay agua que, en estas montañas,
sanan al alma, ramas de paz.
Dan hogar y dan verdad, una cabecera de piedras.
Hay amor y hay estrellas que bajan,
al manantial de estas, curanderas cordilleras.

Sigilosas madrugadas, bajas la galaxia amada,
y cambias la ruta del cometa de muerte.
Bajas en el silencio, la suerte, de una jornada de pan caliente.

En cada esquina y ribete, desde Azua, a Yamasá, con
estocadas de muerte.
Unges tu frente, con la sangre inocente, de un cordero
degollado, pisado por el arado,
Temido por la injusticia, roza el alma una caricia, nuevo reino
ha comenzado.

Central tu amor, a Jesús resucitado,
en lienzos blancos, pintados de sanación,
 de amor, una carta escribes, al fondo del Mar, temible,
confluencia en el altar, de las llagas de Jesús,
quien se salva en una cruz, y también libera al malvado.

Sale corriendo, la salvación al mundo, escarbando en lo
profundo,

de las ovejas, sus heridas, te tomas como partida, y vida
brotas del cielo,
te haces humus, te haces suelo, manantial del que brota la
vida.

Curanderas montañas, guaridas, tumbaos de sanación, en la
tierra.

## Corpus Cristi

Bajas temprano, como primera comunión.

Intimo compañero de las siluetas de vida.

Vestidas, de cordilleras de jóvenes brazos orando.

Hacia ti, en este día nupcial de Cristo en el altar.

Emergiendo desde el cascajo dejado por David.

¿Qué diré... si han de preguntar la gente, de Fe?

Es el día en que la vida, nace de nuevo, en la entrega total del cielo.

En un beso Divino al sanar, los suelos erosionados por la brutal mentira,

del poder que, con ira, arranca las montañas de raíz.

¡Y tú en una rama sentado, dibujaste un croquis, del Barrio Nuestro Esfuerzo...!

¡Ofensa al Dios del cielo! ¡Es el día de Cristo, muerto en un madero!

¡Sacrilegio! ¡De gente de poca Fe! ¿Hoy se trabaja? ___ Pregunté, atribulada.

¡La lengua del buey, se estirará como cuerda de acero! Y morirán primero...

¡Los que al poder dominan! ¡Padre...! ¡Es que trabajar este día, es ofender a Cristo...!

¡Quien murió por ti y por mí, en la cruz, su sacrifico!

…Y bajas tu cubeta, y empiezas a trabajar, y mano a mano amarrar,

las cuerdas de vida, rotas, por las heridas, torrentes que desembocan…

en la injusticia. Haces silencio…. Y de prisa, todas las manos van tejiendo,

Nuestro Esfuerzo naciendo, va de prisa…y Cristo resucitando, en la cornisa,

 de esta mañana, de mentes liberadas, en el altar de manos entrelazadas…


¡El buey, son las manos que se deslizan… el amor, la solidaridad que palpita!

¡En cada techo, que construye la ciudad de justicia, que nace en este día,

…en que Cristo resucita… en este nuevo amanecer…!

¡Hija, revisa tu Fe!

¡Cuando el buey hable otra vez, dile que nació la justicia!

## Churro

Un sorbito de pasión,

llueve en esta noche de mayo.

Cabalga en el iletrado, sentido del desamor.

No recuerda, no comenta, no cuenta la ilusión.

De ser amado en su inocencia, como un peregrino en misión.


Haciendo camino, y una revuelta, que da la vuelta en el

perdón,

de unos años y unas metas, zanjas inciertas de dolor.

Rutas rotas, y grutas huecas, marañas…volcán en erupción…

puertas rotas y netas,

…haciendo, caminos de amor!

## Dolores

Metresili, libre como colibrí.
Danzas sobre lienzo de libertad.
Memoria, con adornos de la verdad,
beldad, a la vida, diseminada.
Corona femenina, divinamente alzada,
ungida por el Dios de la vida.

Amiga, madre, ordenada, ungida, consagrada.
En cada chorro de vida, hija de la montaña, creada.
Por tus manos, y la alborada sin título o jornada disfrazada.
Herida, por las hendijas de la dominación,
Y una balada de libres alas, melodía, improvisación,
de Sofia, respiración de la sabiduría coronada.

En cada alhaja, bajas la paz del cielo, vuelo de hospitalidad,
Y la justicia de mortaja, en quienes se creen sinceros.
Libres del pecado, con un hambriento, en el granero.
Con las manos vacías, y con un canto de amor.
Para la sanación y un sabor de reino en cada textura,
partitura.
Humeando, "el olor de Cristo que sube al cielo."

## El ambón

¡Si el ambón, hablara...!
Resucitaría Montesino, Pedro de Córdoba,
Lemba y su gloria.
Enriquillo y Roldan, tronarían
los oídos al tiempo y al templo.

Con la justicia de techo y la cobija de paz.
Y el sonido de las olas, rugido del Caribe,
se harían pan, en al altar a la vida, proclamado,
cada día de jornada, de sudor y sangre, de nuestros caminos,

Empapados de luz del sol,
y abrazado a las guirnaldas de esperanzas...

Si el ambón hablara, enmudecería... la consciencia,
de quienes usan las máscaras del león, y la palabra tierna,
de un niño de cuna, para balbucear su programa político,
envuelto en pañales de hipocresía y ego herido...

Si el ambón hablara...
Saldría la miel de la cera, promesa, engavetada,
por la madre, ocupada, sin asistentes personales,
en cada fiesta de sueños, quebrados, en las valijas vacías
de acuerdos de aposentos.

Tronaría el fondo del Océano Atlántico, y sus piernas zarparían de nuevo,
con nueva sintaxis y morfología, en el infinito espacio.

Relampaguear mensajes de paz, en un susurro de Adviento.
Y un convite para hacer nuevos caminos, y un nuevo viaje en la mar vida,
de un peregrino, con causa y un destino.

¡Panadero!

# El Amigo en vuelo

Susurro inaudito de quienes dejan los suelos.

Volando alto sin velo y sin miradas de retornos.

Es el amigo vuelo, la bandera que he forjado

Es el vuelo. el ser amado, en las fragancias que he querido,

y alcanzado.

Es el vuelo amigo amado, mi seguridad en la caída.

Es el vuelo la partida, sin regreso o madrugada.

Pleno sol, a la alborada, y del atardecer pinceladas.

## El Canal

Conviertes el vino en agua,
para regar los caminos.

Siembras el amor trino.
Paren las rocas de vida.

Unes en cada salida,
las partidas y llegadas...

Desde Inglaterra hasta Parra.
Desde Irlanda hasta Toronto Islands.

Siembras la vida misma,
y cosechas en las jarras...

Reciclando las heridas,
Y pariendo en las migajas.

Haces cadenas de vida,
y de cielo, solidaria armada.

## Ellas

Tu amor, fueron ellas... cruzaste la luz
de una estrella, se golpeó un planeta,
... junto a ti.
Te vi dar a luz, en las tinieblas,
y una nueva galaxia surgir, en medio de la utopía,
y dolorosa entrega.

Tu amor, fueron ellas.
Y tu amigo, el perdón, del Dios que esperas, y se queda,
Siempre Junto a ti, dibujando de amor,
la entrega...

## El planeta en el altar

Cuando la savia, danza en ligeras piruetas,
saltando montañas y cuestas, brincando los ríos y arroyos,
vas creando meollos, de paz, cascadas paridas, naturales
guaridas
del Dios que se asoma, en cada verde y cada aroma,
en cada silueta esculpida, genuflexión, ante cada vida.

Escultura al cielo... en cada letra, de quien nombras en la
puerta,
en la comunión y a la salida, hacías las calles que revientan,
de pasión compartida, manos de entrega, con punzadas de
muerte,
y aun asidas, a tantas verdades en gesta, de una justicia
compartida,
la que labras en cunetas, y a quien honras, con botas
puestas... en este, planeta.

¡Altar a la vida!

## El Viejo y el Atlántico

Frágil embarcación, en las altas mareas,

azoteas,

de la una niñez desfallecida,

 y acalambrada, en la miseria creada, por las férreas garras,

del monstruo, sin dueño...   en las pisadas, en la baja marea,

del alto mar, adentro, en el altar,


...al ego, monstruo blando, del fondo

de la mar, su charco, al saltar, vuelas,

en las escobas malabares, en donde creas altares,

en donde brillas al fundar,


...nuevas galaxias y nuevos cielos....

nuevos caminos y nuevo océano... a la paz.

¡Un nuevo altar!


Noble, al sol, haz de luz, dejas brillar.

Viajaste sin cruz, fuiste una, en cada puerto.

Anclaste en el desierto, de la miseria humana e intelectual.

Disfrazada, temprana, de altos rangos y de alta alcurnia, de

estirpe royal.


En la tierra herida, sin pan.

En cada árbol de esperanza, en cada ruta,

de tierna mirada, tus dedos anzuelos al lanzar,

al fondo del mar, y de remos.

Las botas de pelear, cada ola de invierno.

Y un antifaz para proteger a la inocencia…

Y hacer las paces con otro gigante que al océano

… hace nadar.

En coordenadas contrarias.

Vida cotidiana, entre monstruos y algas, entre flores,

nadas, entre faros de luces, que haces fulgurar.

## ¡Esa mujer!

¡Busque a esa mujer, y tráigala en sus alas!
Madre de la madrugada, del poema y del quehacer.

Podrá sufrir una emboscada de las sombras y las curvas,
burdas, de la muerte antes de tiempo... con garras invisibles.

Del viento, que aun auguro, perecer, en los absurdos
sentimientos.
De quien dice amar, sin querer, y de quien quiere, sin
sentimientos.

Y hacerle ruedos por dentro, a la misericordia,
Y al placer, de la juventud en sus cimientos.

Patria, renaciendo...en un nuevo amanecer.

## Forestando

Plantar bejucos de ternura,
para hacer ciudades de vida.
Reciclar del corazón, las heridas,
y plantar en el alma, perdón.

Umbilical cordón, de la madre que marcha,
princesa, descalza, en peligro de extinción,
...sin dolientes, en una balsa sin ruta, sin dolor.

Bajas dejando migajas, tenues rayos de sol.
Miradas agazapadas, alborada en esplendor.
...Hilvanas a la tierra sus entrañas, al sol,
sotana, galaxias hermanas, poción desde donde manan,

...un niño y un bosque de amor.

## Fronteras

Alambradas a la justicia.
Caricias, del universo en expansión.
Brazo de amor, quien va uniendo a los cielos.
Haciendo rutas en los suelos.
En el mar, un rio de amor.
Confluencia, tu perdón,

Haciendo barcos y nuevos remos.
Sembrando historia, en una canción,
de un niño solo, hambriento y tierno,
zarpó el Atlántico, nuevos senderos,
...creo en sus sueños, ...islas de amor.

Y su regalo, melodía y duelo, solo en el mar,
 con su canción de cuna, de sombrero la luna,
de botas, un sol de ternura, el que aun arrulla,
desde el timón, mar adentro, nuevo esplendor.

## Hermenéutica

Cátedra, en el divino universo.
Verso, de amor prohibido, sueño.
Expreso de cariño, libertario mensaje.
Solidario de brazos, rosario de cordilleras.
Fortaleza, cabecera de vida que nace.

Despierta a un Dios que vino a quedarse,
en la cotidiana vida, siluetas.
Piernas del océano y sus cantos, clamando,
en tierra fértil, arando la consciencia a la vida,
moribunda en las esquinas, calles y puertas,
aun por abrir.

## Hilvanando

Carabelas que surcan olas de vida, guarida,

... conquistas a la muerte misma, en cada hora.

Para zarpar, a deshoras, y dejar una catedral

a la vida, en donde otros solo añoran, tomar la presa

herida, y hacer una tumba a la muerte, sin memoria.


Es desde tus heridas,

...que haces, piruetas a la gloria.

Y de preguntas, dejas

un embalse, a la Historia.

# Hoy

El sol sale, para todas y todos, hoy.

Se hornea el pan, en cada esquina, hoy.

Se hacen rutas en el silencio, para abrir caminos de amor, hoy.

Se le hace trucos, a la ruta del viento, hoy.

El convite se hace, en cada encuentro, hoy.

Se tocan las campanas, para despertar la mañana, hoy.

Se planta, cosecha y cuela el café, en la huerta, hoy.

Se hace el techo, al sin derecho, junto a su esfuerzo, hoy.

El hospicio desde sus inicios deja vida y esperanza, hoy.

Se cantan las alabanzas de Jara y de la patria, hoy.

Se rompen tractores y se ven amores, hoy.

Se ven placeres, para el que quiere, vivir la vida, con compasión, hoy.

El cartero llegó de nuevo y solo deudas, dejo al portón, hoy.

Se oyó al gallo, despertar al pueblo, pintar los cerros, de verdor, hoy.

Se grita al mundo, desde lo profundo, del dolor de los ríos, hoy.

Se piden treguas a las tinieblas, y para hacer, paz, pan y entrega, hoy.

El canto es largo, mientras cante el pájaro, soy el viento, hoy.

## Ímpetu

Se acelera la muerte a tu encuentro, vestido de poder.
De sentimientos de rancia patria, y de miedo.
De lajas cortante, decoradas como cofre, de joyas
invaluables.

Al abismo saltaste, y viste un cuerpo, dado por la vida, sin
trajes.
Precipitada y triste, desechada y desmoronada, en el
impetuoso ego,
de un dogma sin simientes, ni Dios que le respalde.

Cobarde, la hambruna de la mente.
Silente, dibujaste la nube de tus caídas al cielo.
Desde Monte Higüero, hasta el Pino de Yuna.

Te hiciste un cobarde y fingiste tu muerte, una y otra vez.
Y te aferraste a la vida, sin cordón umbilical, ni herencia real.
Hiciste del pino, tu cátedra y tu cabecera, umbral de amor.

# Incansable

Te resiste al tiempo, huracanado y despiadado.
Te resiste al arado que da más tumbos que una huerta.
Te resiste y te revelas, a las garras de la injusticia.
Paras al viento, y haces trizas, su orgullo y sus piruetas.

Te resiste a la meta, de la muerte compartida.
Te resiste a la salida, sin esperanzas y sin vueltas.
Te resiste a quien espera, esperando das la vida.
Te resistes, a la partida, sin una lucha siniestra.

Te resiste, y te aferras, a la vida en meandros.
Siempre con vida y siempre sembrando, las laderas de la
vida.
Te resiste a ser guarida de cobardes sin fronteras.
Te resiste a quien esperas, sin llegar con manos llenas.

Un corazón para dar, vida abundante, en la meta.

## Incontenible

Vas subiendo en la marea,
De los frutos ya sembrados.
Germinado en todos lados, cielo y mar
tierra y cordillera...

Hasta te he visto en las estrellas,
fulgurando en los destellos.
No te olvido, sigues siendo,
un huracán, en las tinieblas...

## Jesús resucitado

Amigo, entre tus manos,
se siente mi alma, en la acogida,
de mis heridas, cicatrices y penas estancadas...

Tu sonrisa, impetuosa, me recibes, tal cual soy.
Harapos o túnica engalanada...tu don de amor,
en la mirada, en tus lienzos blancos, la fachada.

De un Reino que no acaba, las nubes de olas, en la mañana,
de mis días de tormentas, tu sonrisa, una puesta de sol.
Y tu ojeada, la redención de mi alma, pisadas de salvación.

¡Bájate ya! Mi corazón sigue ardiendo, eres tú y tus enredos,
...de aventuras de amor, con el alma liberada, tu propia vida,
un escalón, hacia la vida regada, en las calles y quebradas,

...cerradas grietas del corazón, desboronadas las
compuertas,
a la libertad que mana, desde los poros del Maniel, y desde
Los Lorenzos y su llegada, hasta Las Canarias de pie, y
Medio Oriente...

De amor pintada...la resurrección de esta mañana, en el
Ocoa de amor.

Grito lerdo, de liberación de las manos, clavadas, y de las mentes en vuelo,
con Jesús, en la emboscada, que le hiciste, al dolor, mientras ungüento regabas…

## Junta

Juntas y reciclas los caminos de tu vida,

En una gran avenida, que luce, en el desierto humano.

Oasis...Juntas, y mientras nace, arroyuelos haces,

con la vida y los talentos, de este pueblo, en donde naces.

Y manantial emerges, origen del mar, en donde la vida yace,

Y converge, una nación y una galaxia, en extinción.

## La tierra

La tierra da su fruto, en las laderas del mundo.

Y la sangre del siervo, fecunda la árida tierra de justicia,

caricia que no se asombra, de ver las piernas a la vida,

 bajo la sombra de las guaridas, de rufianes que no nombras,

y dejas al alma, partida, y escarbando vas, la gloria,

para dejar la salida de tu vida.


¡Tantas norias!

Y de tus océanos, ¡Tanta vida!

Y de tu nombre, sin vanagloria,

en donde juegas la vida, en donde haces historia.

En tantas islas emergidas,

...servicios a las realezas del mundo, sin galardón, ni

memoria.

## "Lo digo yo"

Solo cuando la angustia asoma,

y el miedo, se hace mis alas,

Y siento que la mano amada, me abandona,

a su sombra…

Recuerdo el eco de los gritos,

del Fraile que aún no se calla,

en su pregón que no acaba,

en su dolor, que se ha hecho rito.

Sin rumbo, se asoma…

Y trata de dar la talla, cuando el luto viene y se asoma.

Y la paz se desmorona, en la mañana, su estocada.

Y   una catedra de bromas,

… en nombre de Dios y Su escuadra.

## Madre de rosas

En cada Madre, María,
En los pétalos del día, pasión que vas
pintando, de la vida su algarabía, ceñida,

en la baldía esperanza de quien se cree,
estirpe del viento, a quien no ve,
y oráculo falaz, de quien promete y no cree.

Que es la ternura, quien teje las rocas, deseando
la vida de las rosas, en cada uno se alboroza,
la sangre que se fue, una vez.

Cuando solo tenía cuatro años y sin una flor,
me quede, para desear la paz de un abrazo,
en el regazo del amor, quien quise y que no fue.

## Manantial

Desde Alabama hasta la Central,
Cordilleras de vida, con salida, avenidas en la mar.
Desde el Caribe a Gibraltar, surcando olas van los sueños.
Sola un patria y mil señores, solo un camino, catedral
de monedas y legos... nuevos dueños, un quintal.

La espera, que da la ruta a la esperanza...
En una mano Costanza, en la otra, Rio San Juan,
Parra en el Altar, de la Patria que aun dormida,
sigue buscando salidas...
... la libertad, en un huacal.

Tejen memorias las heridas, sin salida y sin rodeo.
Van rodando en jaripeo, hacia el Pico Duarte, en emociones.
Hechas de pólvoras y cañones, de sueños en un pajal,
Manaclar
de traiciones y oraciones, del imperio y del canal de pasiones,
en los rincones
Del Pino y El Canal...

Se van tejiendo caminos...de Bolívar a un boulevard.
Y las palomas, van y vienen, mientras se hace un panal.
Dulces recodos de duendes, de azabaches, en el altar
... de las bajas pasiones, desechos, derechos, van al mar.
Y una historia en cimarrones, se diluye en el portal...
...sin timones y sin altar.

## Margaritas

De tantas flores bonitas,
que pusiste en el altar...
Oraciones a la mar feroz, que viene en la ruta.
Cantos de amor, una gruta, a María con su hijo,
reverencia, regocijo, ...sonrisa de un capitán.

Yace una misa de hospital, resucitado umbral.
Amor Divino, en los brazos, de un joven.
Marinero, reino, en la ciudad que acampas,
en el portal de las flores, a quien cantas, y quien teje
tu velero, de melodías y carpas santas,

...encima del altar,
un sol y sus destellos, y la infinita sonrisa,
de un pescador de resurrección, jardín de cielos nuevos.

Dulce tu nombre en el desvelo.

Firme tu apellido en la calma.

Roca de vida y mañana.

Alzaste vuelo, en la sombra del desvelo.

Ruges en la madrugada, cuando tú sabes

quien se asoma, y en tu alma esculpe, nuevo aroma.

 Un nuevo hogar... una nueva ruta, y una nueva norma,

para las montañas mudar, a las cordilleras tomar de novia.

Y en otros lares sembrar, oasis de vida, y crear las glorias,

de un nuevo día, y con su propio gusto, y un único altar.

Las subterráneas del amar, labrar las faldas al mundo,

cordilleras de fecundos, cantos y sol, desde el altar,

en todas las lenguas y en todas las formas.

## Menudo

Lienzo suave en los congelados dedos,
por la aridez de los nuevos, caminos ultrajados
… la pobreza de un mercado, libre
de conciencia…

Tu humildad se arrodilló ante la puerta
…vacía y hambrienta, invisible y de esperanza muerta.
Ella se levantó ante ti, y creíste,
en la mano de esperanza, en la alegría,

incierta y extranjera, en la calle Yonge
y otras tantas, danza de amor y centavos,
en la montaña de tus manos,
sedientas de vida,

lista para mirar, el cine de tu vida,
en las trincheras y guaridas,
desde el manantial de heridas,
cabecera, de paz y pan.

# Me ofrezco

Me sorprende la diminuta, expresión de la vida misma.
Esa que anima, a darlo todo por nada, una palabra.
¡*Ofrezcome*! Una mirada… una sonrisa media luna.

¡*Ofrezcome!* Ninguna, me hace reír en la jugada,
… sin razón, y sin motivos… sin piruetas, ni portadas.
En cada risa escondida, un *ofrezcome*, no apaga las jugadas
de la vida, a toda hora y jornada.

Sorprenderse, cada día, te hace vivir y compartir,
las jugarretas del alma, atrapada, por las tibiezas de la vida
cotidiana… *ofrezcome*, tiene planes de quedarse en tu
portada.

¡*Ofrezcome*! Te digo, cuando una sonrisa derramas.
Y de alegría las llamas, como ángel en vuelo, emerges.
*Ofrezcome,* requiere, tomar la vida por las ramas.

Como el finch en las mañanas, y en las noches,
una estrella, de madrugada, sin perezas ni arrugas,
para dar al día la aventura, una sonrisa al alba.

En la tarde carcajadas, y al fin, otra jornada cotidiana
de quien ama… *ofrezcome*, te llama, la mandíbula del alma
y una sonrisa, que no acaba.

## Mi cordillera

Eres mi cordillera, la más alta elevación,
Susurro que siempre espera, una pisca de entrega.
A la partitura del sol, para escabullirse dentro,
cuando está ausente y silente el viento de paz, sus cimientos.
Dejando huellas, pintando estrellas, haciendo una cordillera,
en la cabecera de la vida, sin dueño, sin leyenda de cosecha,
sin llegada y sin partida.

Tibia, de quien anida, el nacimiento de la razón,
 en cada encaje hecho agronomía, en los suelos que germina,
abundante,
esperanza parida de pan, untura de las placas tectónicas del
Atlántico,
 en ruta, hasta el último átomo, en tu memoria de niño
peregrino,
y en tu nombre, el destino, famoso guerrero, que solo hace
camino.
Tu sonrisa, pinta en cada colina, cima unida.
En las alturas y los llanos, caricia que no será en vano.

Me bajas, unas ramas, y las desgranas, con sentimientos.
Otro mañana, serenata al día ordinario, en una pintura del
tiempo.
En una sarta de dolores, con respuestas, un evangelio que se
guarda,

en los cofres que recuerdan, a Jesús, sus aventuras y cuentas hechas,

...sin mostrar ni un gemido, de un cordero que se marcha, y se queda

en mil quinientas formas de amar, vestido de capitán, volando la altura

de la historia, en las curvas de las resucitadas montañas, desde la mar profunda,

para emerger de nuevo, y crear nuevos meandros de amor, hasta el cielo.

En tu llegada sin regreso, y contigo, un nuevo canto, danza de las sanadas piernas,

del Atlántico, para esculpir nuevo sueño, en el altar de la vida.

## Milagro del Padre Nuestro

Agárrense de las manos, deje que ocurra el milagro.

Mire a los ojos del lado, le abrazan el temor.

Se librarán las cadenas, de quien al pasado embarga.

Imponiendo tinieblas, a la salida del sol.

La mutación llega, en las manos unidas.

Carreteras, guaridas, acueductos, forestación.

El jardín, el conuco, los paneles, alfabetización.

Clínicas en construcción, escuelas, y subidas.

La tierra seca se anida, en un beso, al Canal de amor.

A la cordillera hacemos caminos, curvas, destinos.

Salud y educación, se vuelven peregrinos, los estanques de dolor.

Manos, co-creacion, de la esperanza divina, va emergiendo una mina.

¡Manos unidas! ¡Milagro de resurrección!

## "Mírate las manos"

Tejiendo la vida, con hilos solidarios,
cuerdas fuertes, van formando,
y las penas germinando, campos de vida y
humanidad danzando…

Trauma del alma, un rosario, de dolores
y desagravios, juntas de amor se van colando.
Ríos de esperanza, van bajando, torrentes
de justicia, conspirando.

Hasta hacer la cima, y un meandro
de vida, un fuerte, anida, un cielo nuevo,
conquistando… ¡Mírate las manos!
Roto alambre, agonizando.

Ya va la vida cantando, la alegría, va volando.
Reino nuevo, pan horneando… olor al cielo,
en los atajos y en cada rincón de la ordinaria
vida, vas creando…

## "Mire, mire, mire"

Canal de vida, en los gemidos, de un cielo sin horizontes,
... cañadas de esperanzas, en el monte,
derroches de ternura, en la emboscada... madrugada
de almas mezquinas y resina de amor, en la estocada...
amor, en la mano amada, y de la injusticia su quebrada.

Destinos forjados, en las alturas, de un Dios que madruga.
Luz, en el atajo, pisadas del camino sin retorno,
...nido silvestre, miel que embriagas.
Del pan, el trigo, de la compasión, la hermana
de los errores, ombligo, y del placer, la mirada.

Ojos del alma, luz del águila en vuelo, sendero,
de un nuevo sol, el que nunca acaba.

Imparable y ligero, moldeando fronteras de justicia.
Del Rio, sus piedras, y del monte sus bejucos.
De la vida, su conuco, del amor, obra colectiva, arte.
Fragilidad, que impartes, cátedras de vida.
Pulpito a la sanación de las heridas que arden.

En la almohada, pesadilla vuelta cascada
de amor, que pares, en las pisadas.

## Ocoa

Cordillera del Amado, de quien pinta las cejas al Edén.

Sombrero pasión plantado, y de un suelo, dorado, se ven.

Forjado en las trincheras, de quien teje cordilleras, de manos y glorias.

A lo sagrados sueños, entrelazados…sol bañado, de colinas, y norias.


En una Isla que aun germina, un hogar de justicia, engalanado.

Refugio de ternura y caricias, legado, coordenadas del amor, árbol plantado.


… Grito de alfarera, que corona de paz, las montañas.

Cordilleras que engalana, al Caribe y sus grutas de pasión, que disfrutas.

En cada orquídea diminuta, en cada rio que emana,

… regazo de amor, Maniel, bahía de libertad, en las mañanas.


Y en cada puesta de sol, el olor de Cristo, desde el suelo, emana.

Y en cada pisca tu amor, paz, y vida se derramas.

## Orquesta de amor

Canta la flor atrevida y ostentosa.
Erguida ante mi rosa, genuflexa ante
el son, cantado por las libres alas.

Hoy mayo 17, fecha de amor y rose.
Tropiezo del quien escoge, juntar los rayos,
sol nuevo, en mi portal,
¡De amor!

Soles, pequeños y gratos.
Brillantes y pétalos de astros, que bajan
al suelo sin invitación, solo el ruego
de amor, un canto nuevo, sin historial,
ni tratos, solo cascada, manto,
¡De nueva ilusión!

## Perdón

Rodillas al sol, y bendecir a la tierra.

Y abrazar la tiniebla, en una ráfaga de dolor.

Perdón, bálsamo que humilde roza, al alma

y reboza de amor, mis latidos,

mientras se van los gemidos, en una balsa….

En un hasta luego en mi voz…perdido.

En la encorvada paciencia y en la calma que heredas.

Rotos senderos, y cuentas…mal contadas, e ingratas

por sacar, del ego, harapiento mendigo, en el altar,

de la humanidad, ofrecida en esta tarde de ruego.

Y de un cantar que llega al cielo, para dejar volar.

Y en ti perdón anidar, las sortijas del alma, como ofrenda.

A tu obra, abrazar de nuevo, la gloria de sentirme amado,

en tu altar…

Es el perdón lo que pido, a mi alma en duelo y rota.

Para dejar lo que no toca, y el orgullo en el olvido.

## Peregrino

Amor los pies del migrante.
Cruzando continentes y mares.
Con un manto de inocencia y vuelo.
Y de viaje, solo el minuto presente.

Vuela la tiniebla de tus memorias.
Agonizantes y nuevas... libres y tiernas.
Asustadas y revoltosas...tu mirada,
una diosa, con el poder de corona,
y de trono, solo unas rosas...

Es el Mar Negro tu memoria, sin fondo
Infinito y enigmante...dejas brillar tu sol.
Vuelas sin amantes que graben, la odisea,
de tus reflejos, que aun lerdo, hacen huellas,
en la mar...

...y partes las islas en tantas....
Escribes y no te cansas, de hurgar las justicias y los sueños...
A veces te crees dueño, de tantos gritos por calmar.
Y ríes y dejas trabajar, a los que juntos trillan el ensueño...
Es amor en tu ceño, y en tu alma, un costal para arañar...

Y pegar afectos nuevos, y una patria crear,
...sin rumbos y sin dueños!

## Piernas del Atlántico

El Atlántico de Piernas
Recostada mi cabeza, puedo escuchar…
Tus quejidos, de ultratumbas y gemidos que hacen eco en la
mar.

Eres lazos que conectas las historias, las heridas, sanar.
Eres siempre amiga, de la vida en el pajal, frágil tu cantar.

Afónica tu voz de fin del mundo, identidad sin rumbo, y sin
altar.
Es tu canción de Atlántico, que hilvanas la existencia, corran
Tuathail, Pico Duarte, y soñar.

Sastre de marres errabundos, de cosechas, de cubiertas….
Siempre avanzas y conectas, desde El Shannon, hasta el
Yuma, con solo nadar.

Abrumas los poderes y coqueteas a los océanos, nadie será
tu dueño, al imperio haces llorar.
Tu trono y tu altar, es al amor, con que urdes las finas fibras
de la razón humana, razonar.

Tus brazos de corrientes subterráneas, desde Ulters, hasta
Ontario Islands, remar.

Son tus sandalias y de oficio sacar muertos, junto a la historia del desierto, con solo rezar.

Gritas al mundo, que solo hay un muerto, y es el amor. ¡Para echar a andar!

Rincón del Pino, canta al cielo,
Una bella melodía, un lienzo de travesía.
Y cascada de velo, portada de 1955, y unos días.
12 de enero, la vía, de las heridas pavimentadas.

Denso silencio, cantos del Barroco,
exótico murmullo y en un arrullo infantil se escucha al cielo,
venir, una madre en vestidos de madrugada,
una dama de derecho de amor y misericordia, velos de gloria.

Y Arturo, tierno ángel, en su sequito y Divino ropaje, se asoma,
trae un alba, sonrisa pintada, de aquella noche, en la que recoges
su vida, en un coche de pasiones descarriadas, estocada
adolescencia, considerada irreverencia, ante el dios de la muerte.

¡Creciste unas pulgadas! ¡Unos de tus cabellos llego primero!
Y ese mar para pulgar las almas, te vi flotar en las alas,
de un nuevo cielo en la tierra. Y un Dios de la vida,
haciendo piruetas, hoy, escribiendo un canto.

¡No me olvides!

## Poema 100

Caballero de armadura,

...ternura de rascacielos.

Vas haciendo senderos, en la junta a la alegría.

Convite de corazones...patronales y otros cielos.


Cada sermón un desvelo, a la justicia vulnerada.

Haciendo puentes de amor, desde el Sur hasta la Bahía.

Tejiendo tu historia, en la mía, jornada en tierra liberada.


Hiciste el amor, las mañanas, hiciste la noche y el día.

Cambiaste la geografía, y pintaste alas al cielo.

Compusiste nuevos senderos, con tus pisadas y agonías.

Te hiciste humus, tierra mía, nuevas montañas, horizontes

nuevos.


...De manos entrelazadas, un paraíso forjaste, en los aleros.

Con palas y azadas, créate, nuevas rutas hacia el reino.

Rastrillos y picos sin dueños, le bautizaste y enviaste,


... y a la justicia festejaste,

...en los palacios y pobres que amaste.


Escalera a la armonía, tejiste las faldas al cielo.

Desde Los Martínez a la Vigía, abriste ruta a la armonía.

Desde el momento que llegaste, hiciste canales a la vida, mía.

## Remando

En cada punto cardinal anidas.
En la profundidad de la espuma, renaces.
Para huellas centenarias, que haces,
de una civilization inaudita.

Remas la esperanza, que habita,
en tus 57 mares, y El Caribe en tus altares,
en tu fosa, la profundidad que gritas,
redes de amor, que, con tus manos, fabricas.

Forjando en cada mar, una ruta.
En cada dolor, un altar a la vida.
El viento, canto que anidas.
Placas de vida, océano de Fe, que fábricas.

En cada amanecer,
reciclando tus miserias renaces, y agitas.

## Remo

A esta hora un corazón
de plata te dejo,
brillar al cielo
un amor de rondas y de anhelos,
pensamiento en vuelo
de rutas, de holas, y de sueños,
mar adentro, y enmarañados,
en olas,
desde la llegada hasta el cielo.

Nebulosas de desvelos y de quizás,
de remos y de mar,
de dolor y de velos para sanar,
las heridas de los puertos,
hechos lechos de amor, sin tiempo.

Al espejo siempre cierto.
Y a la nada, que un tesoro tierno,
se hace dentro
mientras remo.
 Mar adentro.
Cada madrugada del tiempo,
en búsqueda de mí y de ti, en mis adentros,
remando a las derivas del tiempo.

## Sapap

Aroma de dioses, piel de reino.
Suculento manjar. Eres al paladar,
la sanación y vida, el morir despierto.

Sanar la memoria del tiempo.
Las heridas aun vivas, separación y vuelos.
Para zarpar el mar muerto y llegar a la vida.
En el silencio...sin saber quién soy y hacia dónde vengo.

Subir al cielo, resucitar de nuevo.
Desde Irlanda hasta la mar,
Atlántico ungüento, para sanar las llagas del tiempo,
quien se hizo eterno... migro a otros cielos.

Con el alma herida y partida en varios suelos.
Sembrando tu amor, en el tiempo.
Sanando las memorias de nuevo.
Cantando la canción al sol y al viento.

Con música ancestral y milagros.
Y al amor, reverenciar, en tus adentros.

## Serenata

Diseñaste cuerdas a la vida.

Pariste melodías, desde las esquinas, caminos y cañadas.

De las caídas vidas, desde las almas derrotadas.

Rompiste alambradas, y sembraste sueños.

En cada pisada, y cosechaste pan, en cada mirada,

 hiciste un altar de sueños.


Naciste en la emboscada, de una pandemia de muerte.

Te hizo fuerte y rehiciste la historia en cada estocada.

Pariste almohadas de cosechas de vida.

Cirujanos de la cordillera, diseñador de sortijas.

a las colinas enamoradas, del reino terrenal, que no acaba.

Dibujando a Ocoa, en el altar, esculpiendo sus alas y su

vuelo,

 en un quintal de anhelos.


Ángeles bajaron a tu altar, otros subieron los techos.

Emergiste en las laderas del derecho, madre de la

jurisprudencia.

Creaste la consciencia, en un quintal de heridas, en un pajal

de clase, mendiga.

Rompiste y pintaste, nuevos mundos, nuevo aroma,

...te hizo reverencia la loma,

bajaron los mulos y palos.

Se oyó otro canto en los bajos, montes de la vida en rima.

Cantaste a la tierra parida, de nuevos frutos, manjar del cielo.

Los pájaros compitieron, y tu ganaste la jornada, una canción preparada,

sin límites ni fronteras, larga fue la espera, pero más larga, la jornada.

De un reino que no se acaba, de una vida que ya no espera.

Es el Atlántico tu campo en la alborada, en donde siembras amor y canto

en cada quimera.

## Sermón

Paz, pan y justicia, vida buena se desliza.

…Abundante va la prisa, en la cascada de bondad de tu alma.

… Eterna, canción que emerge y esculpe el susurro del viento.

La melodía del canto del pájaro, y las curvas femeninas,

del beso, de la cordillera Central, al cielo del Atlántico.


Un campesino va, labrando el mar,

… y una mujer, Santa, al sol mira, madrugar con las alas puestas,

las laderas de la más alta elevación del amor.

De cordilleras y de mareas, y utopías de rocas.

Desde Irlanda, hasta hermosa quebrada de Jara, la ternura de Helder.

El espíritu de Orá, y el coraje de la Teresa de amor, en las calles

de la muerte, "Ni por un millón."


La suerte, solo se construye de cayos y arados, hoy,

…hay hambre sin enmiendas, hoy,

… hay gente, y árboles que mueren, hoy,

… hay vida, en estas cuencas, hoy.

¡Así tiene que ser!

Suenan las campanas en el desierto del corazón, y la catedral.

Un oasis, torrente de amor, en el corazón del Caribe.

En la azotea del destino, y el timón de la vida.

Con solo un boleto de ida, una justicia de barco.

Y de mar, las bravías olas del Mar Caribe, besando al Atlántico.

En el azul infinito del planeta tierra. ¡Tu Evangelio de vida!

## Simplemente, Toni

Como cascada de vida,
llegaste, y te esparcirte,
en los puntos cardinales.
Transformaste las estaciones...
en vientos primaverales.

Cristalina y refrescante,
dulce, tu voz de diamante.
Tiernos y firmes,
tus pasos, infinitos,
brazos de la vida.

Lloverán las montañas,
rebeldes,
por la impetuosidad de este vuelo.
A tu partida, rio de amor,
seguirás...
en las calles y cañadas.
En los palacios y en las comarcas
de esta tierra vejada...

Y tú, savia santa, seguirás inventando,
sol de esperanza,
rompiendo, los escollos,
del dolor y las distancias.

Ducados de la justicia,
tus ojos, patria del perdón.
Tu alma, y corazón:
¡El mandamiento más importante!

## Sin alardes

Siempre tibio tu amor,
nacido en los adioses,
sin retornos o ataduras…
…siempre en vuelo, surcando
huellas al corazón… en duelo.

Dibujado en la ternura,
una frazada de canción,
y de melodía, una locura,
con ritmo, algarabía, de una libertad
travesía de mares nuevos, tu amor.

Cada canción, un pobre menos.
Adiós dolor, luz que ilumina, santa cobija.
Pórtico de amor…  del desamor,
hace canales, sin alardes de reino,

…catedral de vida y resurrección.

## Sinfonía de Ternura

¡Mire, mire, mire…venga acá!!
Usted sabe que necesito que piense…por favor use su mente.
Imagínese que el sol naciente, se hace trigo.
En el hogar, en done falta el pan y la solidaridad arropa.

¡Imagínese una escuela… con paneles y techo!
¿Surgiendo en las tinieblas, de las mentes de este niño?
Imagínese el abrigo, de estos techos de justicia, imágenes de
caricia,
con las manos abiertas, en la cuesta del Canal, en la Curva
del Cajón, Rincón del Pino,
El Limón, Palo de Caja y Lagunetas.

Ahí hay que poner luz, desde El Memiso hasta El Pinar, Quita
Pena y Quita Sueño,
Los Tumbaos y el Higueral.
Desde la Centro Padre Arturo, hasta Canadá, en la Horma,
siempre abierta.
En las alas del Angelito, el El Jengibre y las Caobas, hay que
producir la tierra,
y bajar las arrobas…hasta llenar la cuneta.
Del Rosalito al Naranjal, de Sabana Larga a Los Arroyos,
sembrar un puente en Las Auyamas, en donde la libertad
llama y Mahoma,
¡Abre sus puertas!

Llame a Parra, que me traigan, de esa gente que lucha, en
Rancho Arriba y Los Quemaos,
Los Palos Grandes y Los Pinos... díganle va el camino,
haciendo ruta en el futuro, la Vigía y las
Espinas, Rancho Grande y los Corozos.
Los Palmaritos, Los Ranchitos, Arroyo Palma y Nizaos,
cantando van los Quemados
Para hacer rutas a la vida, Nizaito a mí me intriga, juventud, y
buena de lucha.

Las Auyamas nos bendice, con los guandules y el café.
Vámonos a Vengan a Ver, hasta los barrios de este pueblo,
San Antonio y San Luis, Pueblo Abajo, Pueble Arriba, canta el
Canadá, y el Vigía, Nuestro Esfuerzo y las Flores, y Tumbaca
con temores, de no alcanzar, la partida.
Haga memoria de Los Martínez, el Limón, Los Ranchos
Grandes, que nadie pasa hambre, en este convite de vida.

## Sobre tus piernas

Escuche las campanas,
de tu alma herida.


En la Infante huida, de un océano
de venas.


En cubiertas, y proas inciertas,
por las grietas,
de mareas, sin vueltas, a la desnuda alma
erguida, camino hacia la vida,


tocando, de tus islas, cada puerta,
un amor, boca abierta, por salvar, en un trozo de paz,
de pan,
de siesta.

## Susurro

La brisa del Norte llega, con la ternura de fibras,
 seda exótica parida, de caricias y sueños.


 Y delicado roce, dueño, de cada paso y destino...
de cielos y suelos, nuevos,


nueva voz, el mismo desierto, la misma ruta,
invisible puerto,


 y manantial de trigo, al descubierto,
 y una revuelta de amor, susurro del camino...

## Surcos nuevos

Esta mañana me encontré,
haciendo marcos a tus días.

Fue dulce tu compañía, repleta de amor,
y de sueños.
Esta mañana desperté, tu haciendo caminos.
¡Y yo detrás…surcos nuevos!
Libre dancé, y volé de nuevo en cada cuerda.

A veces vi tu tiniebla, a tu sombra me abracé.
Junta tu cuna canté, los arrullos que extrañaste.
Y con tu lluvia me empapaste,
hasta mojar el amanecer…

Lerdo tu dolor se fue, y se volvió esperanza ante mí.
Libre testifique, que un manantial de amor…
¡Hiciste en mí!

## Te busco

Te busco, en la algarabía del día desgreñado.

Atónito y desterrado, que, como intruso, y extraño

le hace huecos a tu nido, Y grita huellas, al altercado,

en un día tan soleado… te paseas como la estrella,

y dejas huellas, en el arado, y dejas vida, en las tinieblas.


Te busco, en lo que queda, de esperanza, en la jornada.

Te busco en la llaga, dolorosa de este día.

Te busco en la armonía, del canto de mis pájaros en vuelo.

Te busco en el anhelo, de estar a tus piernas aferrada.

Y remar, con las manos esposadas, porque aún libres,


hoy están atadas. a la partida de la amada.


Hoy te busco, como amiga, en el silencio de tus días.

Voy remando en la congoja del barco, que aún no llegaba.

Y el Atlántico, tu parada, que dejó mareas al mundo.

Un viejo enfermo y errabundo, magistral obra…fecundo,


…bajas los cielos… a tu llegada…y tu partida,

vida quebrada!

## Tus botas

Sin casa, tus pies, harapientos.
Heridos, de golpes sin querer.

Una canción del viento.
Colinas del ayer, islas, caminos y cimientos.

Una muerte a la inocencia,
garrancha memoria,

tus botas de pie, y el pan,
tu gloria.

## Tus manos

Tus manos en el arado de la vida, mar adentro y sin salida...
gimiente, el grito se va sintiendo, en caminos y quebradas.
Al final de la alborada, solo preguntas que vas temiendo, no
tener pan, paz almohada,
o la luz del entendimiento.
Ruta extraviada, sin destino y sin preguntas amargadas,
es tu vida, el propio camino, el que se hace pan, en las
mañanas.

¿Quién va perdido?  Te preguntas.
Miras las huellas, que han marcado, quienes vinieron antes
que tú
y quienes siluetas, han dejado,
...entre los límites de la cruz, las montañas y sus sembrados.

Y dar la vida, en plena luz, y sembrar la muerte en el costado,
y donar amor, y servitud, y dar a la vida, al Amado,
quien sonríe en la cruz, sin cadenas, ni candados.

## Tu sombrero

Tu sombrero, la paz en vuelo.
Tus alas, barco velero frágil.
Olas de amor portátil, en ruta
Mas allá, de los linderos.

Un Océano nuevo, con nuevas piernas,
y pisadas, surcando el mar,
con dulces olas,
amada distancia, amor naciente, en las heridas resucitadas.

Olas silentes, liberadas, el más allá, hecho presente.
Un cesto de pan, y el poniente, junto al altar.
Cobija de paz, desde la muerte.

## Trillo Celestial (Los Martínez)

No temas a las subidas, tampoco a las bajadas.

Trepa hacia la amada, tierra, una cascada de vida abrazada,

a la esperanza armada, de justicia y de amor de *paila*.

Trepa alto y no te caigas. Es la subida del amor.

Este multicolor, Los Martínez, y sus terrazas,

ruta al Dios que no escarba, en las heridas marcadas,

por la vida desterrada.


… una justicia sin flor… que no prometa, unas cargas,

de vida buena, abundante, amada, en unos surcos,

que marchan…hasta el reino y su llegada, cosecha que no

para,

caminos de resurrección, a la paz, pan, que no pasa sin una

causa,

del Dios que alcanza, la fina punta, de la montaña, de Dios,

y una cordillera de juntas, amarras, rastras, y palas,

de ruedas y tractor, dibujando en nuevo sol, a las orillas del

alma.


Los Martínez y su esplendor, la libertad sin amarras, caídas,

levantadas.

En la cima del Dios que salva…nueva apuesta de amor…

entre los jarros y tinajas.

Rebosando en una canción, de plegarias que nunca acaban.

Y laderas haces al día, hermosa compañía, de las heridas sanada, en la tierna madrugada.

Otro convite de amor, en las colinas de sueños, un nuevo canto, su dueño, la Junta de sol a sol.

Y camino hacia el cielo de justicia tricolor…amor, esfuerzos y anhelos.

## Trono

Trono de salvación, haciendo surcos de amor.

Terrazas de vida, en tierra compartida, y en sueños forestados.

Rutas al Dios estancado, entre el monte y la vida en derroche.

Sin reproches, danzas a los pies de ellas,

codilleras de amor, y una estrella, aun radiante esperando,

por su salvación y unas cuantas más... ¡Manos de resurrección!

Ofrenda al Dios en la vida, en un canto al sol.

Surcando terrazas de esperanzas, gestación.

Un trono, al cielo sin amarras, un tambor, y una marimba.

Una guitarra...hurgando los sueños peregrinos como tú.

Haces corona al cielo, y estrellas en la tierra.

A las montañas, les hace el vuelo, de sus faldas y sus anhelos.

Pan compartido, al salir de prisa, la tarde, cualquier jueves

fe la primavera, sin alardes de fama, sin ego de guerrero,

y sin ilusión de llevarte un galardón, en las cejas alzadas,

por la ausente justicia, quien va de prisa a pararse en otros rumbos.

Tus haces zancados al mar profundo, para regar la vida, en las heridas, grietas milenarias, erosionadas, en la consciencia sin alma, derrotada.

Y cómplice en la mañana, has juzgado a tu protector.
Viviendo la oración del día, cada minuto y cada hora, como tu amigo
el ruiseñor, con la paciencia de quien diseña, las faldas a la cordillera,
conspiración...
Corona de brazos solidarios, rosario de justicia debidas.
Una guarida de amor, armario invisible.
Y un monumento sostenible, en silente sanación.

En un beso a la vida, caricia balsámica, donde salvar.
¡También nos salvas, comunión!

## Visión

En mis adentros, vuelas.

Imaginación erudita.

Fantasía, quien imita,

a la realeza, en sus sueños.

Dueño de los altares sin velas.

Dejas,

en cada puerta, una ermita.


Dar la vida, una entrega,

Y entregar la vida, una caricia.

En donde el reino se queda.

En donde la vida, se anida.


En el umbral de la aurora,

Desde Nova, a Mahomita.

Una caída sin gloria.

Y una gloria que palpita.

En los caminos que forjas.

En las alforjas que imitas,


para saciar las memorias,

 y devolver el manto,

a la vida, misma.

## Vuelos en las Rocas

Dejaste vuelos en las rocas.
Dejas lomas de amor y de rotas
cadenas, la ignorancia.

Dejaste las alabanzas, perfume del nuevo cielo.
Aquí en la tierra, tu velero, y tu ancho mar, organzas,
de justicia y de ausentes tranzas.

Tejiste un nombre a tu Patria, usaste tu pañuelo,
en duelo, en cada amor, que emerges, en el desvelo,
tejiste la ruta a la esperanza.

Hiciste una nueva, galaxia de amor.
Perdido en los suelos, abono,
y anhelos, de un nuevo sol, tu semblanza.

¡La justicia, tu patria, y la paz, tu sombrero de amor!

Tarde de parshmina, envuelto, silencio de ida, con permiso indefinido.

Lento, como siempre con naciones en tus adentros, y tus ojos tomando la siesta otoñal,

… haciendo un último discurso de catedral, esperando quizás, que alguien se levante,

con las botas puestas… y un delantal, para servir la Ultima Cena, y una primera entrega.


Esperas. Que alguien entre los muertos, se pare y ofrezca, echar la pobreza mental, bejucos

lozanos de altar…hacer de la justicia, Cordillera Central, placa tectónica del mar.

Buscando la madre vas, y en la última mirada, tus ojos se percatan de una visión celestial,

"Así tiene que ser" "la paz es fruto de la justicia" "Vida buena, abundante, y eterna."


¡Como las flores de buganvilias! Por los caminos, veredas, peregrino…vas,

limpiando la sangre del cordero, llega de nuevo a tu portal, para quitar tus miedos.

Tu madre toca tus hombros, ¡*Ofrezcome*! ¿Sarah, que haces aquí? ___Yo siempre estuve ahí.

¡Haciendo el camino junta a ti, como María! ___Yo invito. La tarde cae. ¡Quédate!

## Rosa Reyes Santana, MSW, LISW-S

La autora es oriunda de la Provincia San José de Ocoa, República Dominicana. Ella fue hermana Dominica de Adrián, desde 1988 al 2018. Rosa Reyes ha sido terapeuta de salud mental, desde 1997 hasta la fecha. Obtuvo su maestría en Trabajo Social clínico, en la Universidad de Barry, en Miami Shores Florida, Estados Unidos. La autora también obtuvo, una licenciatura en Psicología, en la Universidad de York, y Consejería en Salud Mental y Criminología, en la Universidad George Brown, Toronto, Canadá.

Rosa Reyes, publicó el poema "Abue" en la antología poética, "Abuelitos" del Club de Abuelos Buenos Aires Argentina, junio 2012, dedicado a su abuelo Andrés Santana. También publicó su primer trabajo en forma de sonetos, "Rendijas en Divinos Remiendos" 2013, Editora Robiou; Rendijas en Divinos Remiendos II, 2019(Poemas espirituales), Editora Amigo del Hogar, Santo Domingo, República Dominicana; Caoba de Amor, poemas, 2021, ww.amazon.com. El Planeta en el Altar, poemas, en homenaje al Padre Luis Quinn, 2023, www.amazon.com.

Made in the USA
Columbia, SC
20 January 2023

10749695R00064